W9-ASR-765

DATE DUE

SP   BC#32457121001659 $18.99
599.75   Macleod, Steve
MAC   Yo soy el jaguar

Morrill ES
Chicago Public Schools
6011 S. Rockwell St.
Chicago, IL 60629

YO SOY EL JAGUAR

Steve Macleod

SPANISH & ENGLISH eBOOKS
AV² BY WEIGL™
ADDED VALUE • AUDIO VISUAL

This AV² media enhanced book gives you a fully bilingual experience between English and Spanish to learn the vocabulary of both languages.

Go to **www.av2books.com**, and enter this book's unique code.

BOOK CODE

U594097

AV² by Weigl brings you media enhanced books that support active learning.

English

Spanish

AV² Bilingual Navigation

CHANGE LANGUAGE
ENGLISH SPANISH

BACK NEXT

Tengo pelo que funciona como un impermeable.

X

HOME

LANGUAGE TOGGLE

PAGE TURNING

2

YO SOY EL JAGUAR

En este libro, te voy a enseñar sobre

- mí mismo
- mi comida
- mi hogar
- mi familia

¡y mucho más!

Soy un jaguar.

4

Uso mis manchas para esconderme de otros animales.

Siento con mis bigotes.

Busco mi comida por las noches.

10

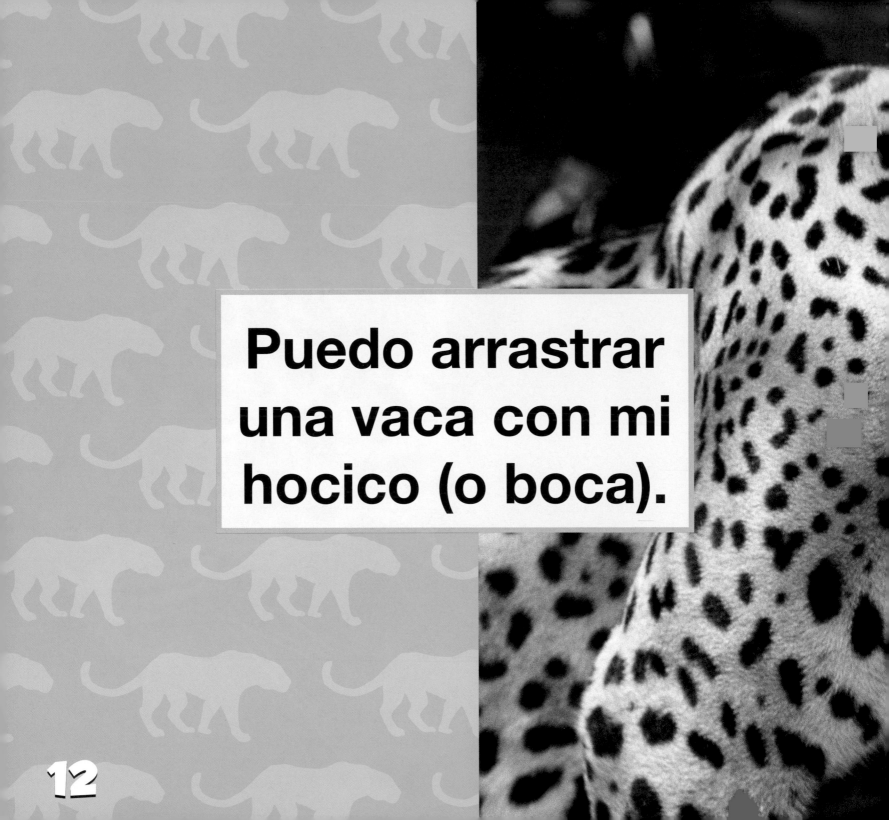

Puedo arrastrar una vaca con mi hocico (o boca).

13

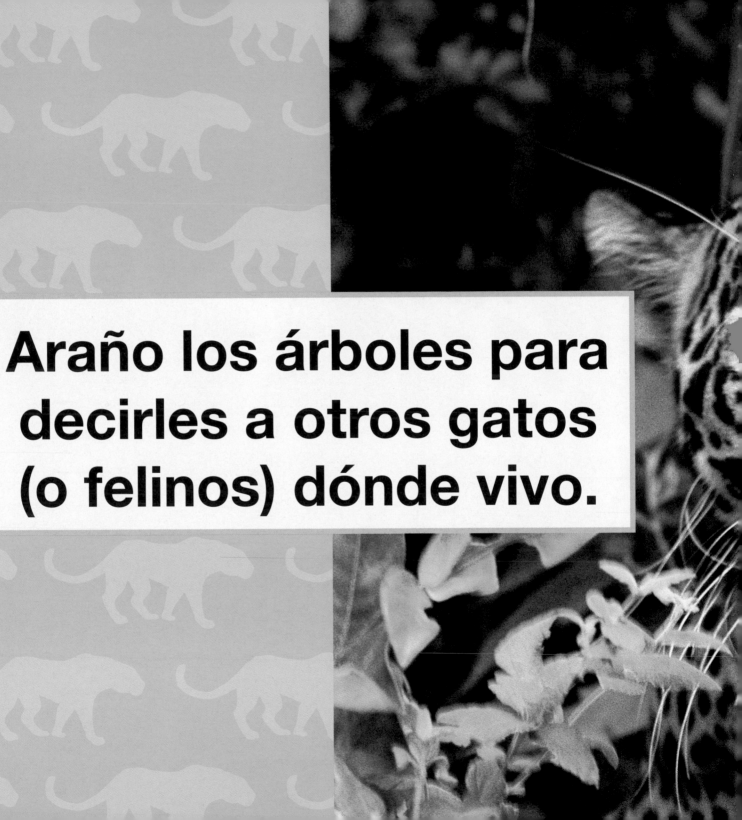

Araño los árboles para decirles a otros gatos (o felinos) dónde vivo.

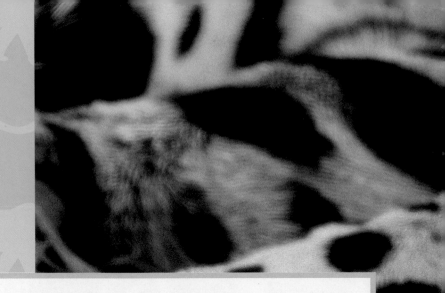

No puedo ver por dos semanas después de mi nacimiento.

17

Nado con mi cabeza fuera del agua.

19

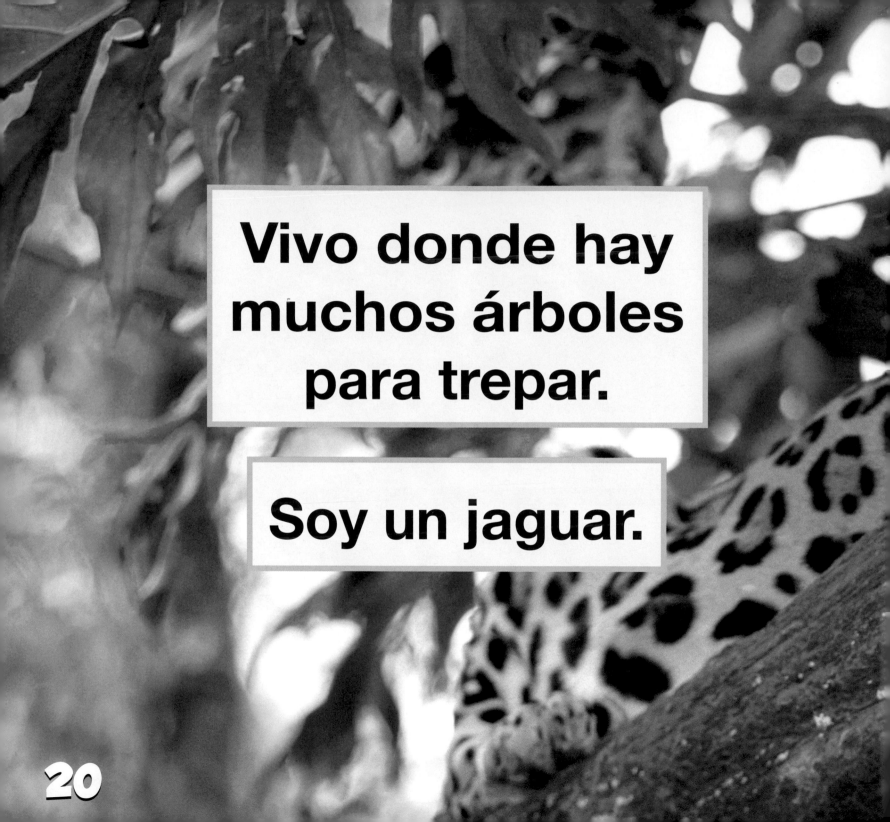

Vivo donde hay muchos árboles para trepar.

Soy un jaguar.

DATOS SOBRE LOS JAGUARES

Esta página proporciona más detalles acerca de los datos interesantes que se encuentran en este libro. Basta con mirar el número de página correspondiente que coincida con el dato.

Páginas 4–5

Soy un jaguar. Los jaguares son los gatos más grandes del mundo que tienen manchas. Tienen cabezas redondas, bigotes, ojos grandes, garras curvadas y afiladas y cuerpos fuertes y compactos. El jaguar más pesado que se ha registrado pesó 348 libras (158 kilos), lo que es más que el peso de 38 gatos domésticos.

Páginas 6–7

Los jaguares usan sus manchas, llamadas rosetas, para esconderse de otros animales. Las rosetas les permiten esconderse en la hierba alta y en los árboles. Camuflarse en sus alrededores les ayuda a perseguir furtivamente a otros animales cuando están de caza.

Páginas 8–9

Los jaguares perciben con sus bigotes lo que está alrededor de ellos. Es igual a cuando la gente palpa con sus dedos. También usan sus sentidos del olfato y del oído para cazar su comida.

Páginas 10–11

Los jaguares buscan su comida de noche. Pueden ver muy bien en la oscuridad. Cazar de noche les ayuda a acercarse furtivamente a su presa, y así no tienen que darle caza. Tienen mandíbulas poderosas y dientes afilados, lo que también les ayuda a cazar.

Páginas 12–13

Los jaguares pueden arrastrar una vaca con su hocico. Se les ha visto arrastrar animales que pesan 800 libras (364 kilos) lo que es más de 4 veces el peso promedio de un jaguar. Comen muchas clases de animales, incluyendo mamíferos, reptiles, aves y peces.

Páginas 14–15

Los jaguares arañan los árboles para dejarles notas a otros gatos. Prefieren vivir y cazar por sí mismos. Arañan los árboles para marcar su territorio, lo que les indica a otros jaguares que ellos viven allí.

Páginas 16–17

Los jaguares mantienen sus ojos cerrados hasta 13 días después de su nacimiento. A los bebés se los llama cachorros. Los cachorros pesan menos de 2 libras (0.9 kilos) al nacer.

Páginas 18–19

Los jaguares nadan con sus cabezas fuera del agua. A diferencia de muchos otros gatos, los jaguares no evitan el agua. Pasan mucho tiempo cerca del agua y pueden nadar a través de ríos anchos. También se meten al agua para refrescarse.

Páginas 20–21

Los jaguares viven donde hay muchos árboles para trepar. La mayoría viven en las selvas de América del Sur. Se están talando algunos de estos bosques para aumentar el espacio donde los seres humanos puedan vivir. Los jaguares son una especie en peligro de extinción. Sólo quedan unos 15,000 en el mundo.

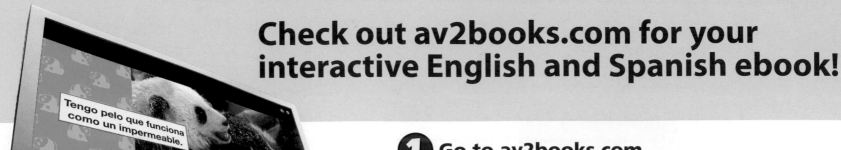

Check out av2books.com for your interactive English and Spanish ebook!

Tengo pelo que funciona como un impermeable.

1 Go to av2books.com

2 Enter book code   U594097

3 Fuel your imagination online!

www.av2books.com

Published by AV² by Weigl
350 5th Avenue, 59th Floor New York, NY 10118
Website: www.av2books.com   www.weigl.com

Macleod, Steve.
 [I am a jaguar. Spanish]
 Soy el jaguar / Steve Macleod.
    p. cm. -- (Soy el)
 ISBN 978-1-61913-177-4 (hardcover : alk. paper)
 1. Jaguar--Juvenile literature. I. Title.
 QL737.C23M18418 2012
 599.75'5--dc23

                             2012018710

Printed in the United States of America in North Mankato, Minnesota
1 2 3 4 5 6 7 8 9 0 16 15 14 13 12

012012
WEP170112

Senior Editor: Heather Kissock
Art Director: Terry Paulhus

Weigl acknowledges Getty Images as the primary image supplier for this title.